# Ein Problem durchschauen

## Arbeitsheft

Maria Anna Bröder

Schriftliche Meditation für mehr

Klarheit und Freiheit

Impressum

Text und Umschlag:
© 2021 Copyright by Maria Anna Bröder
Am Birbet 5; 83115 Neubeuern
www.schriftliche-meditationen.de

Herstellung und Verlag:  BOD – Books on Demand, Norderstedt

ISBN **978-3-7534-4194-8**

Bilder:                    Freepik.com @benzoix

Bibliografische Information der Deutschen Nationalbibliothek:

Die Deutsche Nationalbibliothek verzeichnet diese Publikation in der Deutschen Natio-
nalbibliografie; detaillierte bibliografische Daten sind im Internet über http://dnb.d-
nb.de abrufbar.

„Fühle ich mich, wie ich mich fühle, weil ich erlebe, was ich erlebe oder erlebe ich, was ich erlebe, weil ich fühle, wie ich fühle?"*

*Maria Anna Bröder

# Vorwort

Die Hefte der Reihe „Arbeitshefte: Schriftliche Meditationen für mehr Klarheit und Freiheit" sind im Rahmen meiner Coachings entstanden.

Immer, wenn ich einen Klienten mit einem speziellen Thema hatte, stellte ich ihm passende Übungen zusammen, die er ohne mich zu Hause ausführen konnte. Der Vorteil ist, dass wir einfach noch ehrlicher zu uns selbst sein können, wenn wir niemandem unser tiefstes Inneres ausschütten müssen. Es hat auch eine andere Qualität, ob wir solche Übungen wirklich schriftlich auf Papier oder nur in Gedanken machen. Sie nur zu überfliegen und zu sagen: „Aha! Verstanden!", wird Dich nie zu dem Punkt bringen, an dem Du wirklich zu begreifen und zu verstehen beginnst, was sich unter oder hinter den verschiedenen Schichten Deiner Glaubenssätze, Muster und Gedanken versteckt.

Meine Coachings und diese Arbeitshefte basieren auf meiner Erfahrung, dass ich mit meinen Gedanken meine Realität beeinflussen kann. Diese Übungen in meinen Heften dienen der aktiven Realitätssteuerung (Reality Creation).

Die Vorstellung, dass wir nur durch unsere innere Einstellung und unser damit verbundenes Auftreten ein Bewerbungsgespräch positiv beeinflussen können, dürfte für jeden klar und annehmbar sein. Durch die bewusste Programmierung unserer Überzeugungen unser Einkommen um 50% zu steigern, ist für einige dann schon schwieriger zu glauben.

## Und doch funktioniert es!

Das einzige, was uns davon abhält etwas zu erreichen, ist der Glaube, dass es unmöglich ist. Unbewusst erschaffen wir uns tagtäglich Situationen, die uns auch noch beweisen, dass es stimmt, was wir glauben. Je größer uns der Wunsch erscheint, umso größer erschaffen wir unsere eigenen Widerstände.

Wir sind in erster Linie geistige Wesen und die Erde ist unser Spielplatz um zu lernen. Du bist das, was Du denkst/glaubst. Deine Realität ist das, was Du von ihr denkst und glaubst. Wenn Du das, was Du denkst/glaubst aktiv und bewusst veränderst, kannst Du Deine Realität aktiv und bewusst verändern.

Somit ist der Schlüssel zum Erfolg Dir erst einmal bewusst zu machen, was Du denkst/glaubst und wovon DU (oft unbewusst) überzeugt bist.

Diese Heftreihe ist dafür da, Dir dabei zu helfen, diese Mechanismen zu offenbaren. Eine Entdeckungsreise durch die Knoten Deiner Glaubenssysteme und -muster. Aber auch ein Hilfsmittel und ein Werkzeug.

Erforsche, wo Du Dich begrenzt und übernimm die Verantwortung dafür. Mache Dir bewusst, WAS Du glaubst/denkst, WARUM Du das glaubst und ob Du es weiter glauben möchtest. Du kannst Deine geistigen Begrenzungen finden und Deine Komfortzone erweitern. Mache Dein Leben zu einem Spielplatz.

Setz Dich einfach hin und fang an. Verändere Deine Welt, programmiere Dich neu und genieße das Leben. Hab Spaß und Freude daran. Denn das erwartet Dich:

„Noch mehr Spaß und noch mehr Freude"*

*Fred Dodson

# Einleitung für

# „Ein Problem durchschauen"

Jeder Mensch auf diesem Planeten hat sein Päckchen zu tragen. Jeder hat hier sein ganz eigenes, persönliches Problem. Diese Probleme sehen von außen betrachtet vermeintlich unterschiedlich schlimm, groß oder schwer aus.

Aber das Universum urteilt nicht. Wir Menschen urteilen. Die vermeintliche Größe oder Schwere unseres ganz eigenen Problems unterliegt unserem persönlichen Wertesystem.

---

Was für den einen ein Kinderspiel ist, ist für den anderen eine Lebensaufgabe.

---

Unser Problem ist jetzt und hier unser ganz persönliches. Unsere Spitze des Eisberges, unser Loch in dem wir sitzen, unser Tropfen der unser Fass zum Überlaufen bringt und unsere Aufgabe an der wir wachsen können, wenn wir denn wollen. Schäme Dich nicht dafür, dass Du gerade mit etwas kämpfst, was andere überhaupt nicht belastet. Das wichtigste ist doch, dass Du jetzt hier bist und etwas ändern möchtest.

Das hier ist jetzt Deine Chance, Deinem Ziel, Deinem Glück und/oder Deiner Bestimmung näher zu kommen. Erforsche die Hintergründe Deines Problems, um bei Deiner aktiven Realitätsgestaltung erfolgreicher zu sein. Schau genau hin, auf welche Vorteile sich Dein Problem stützt und überlege Dir, ob diese Vorteile es wert sind, daran fest zu halten. Sieh das, was Dich aus der Fassung bringt als Chance an, Dein Energielevel zu erhöhen und die nächste Hürde zu meistern.

---

Je höher die Ziele, umso steiniger der Weg.

---

**Arbeitsanweisung:**

Schriftliche Meditation für mehr Klarheit und Freiheit.

Sorge dafür, dass Du Ruhe hast und Dich keiner stört, solange Du in Deinem Heft arbeitest.

Dieses Arbeitsheft: „Ein Problem durchschauen" solltest Du innerhalb einer Woche durchgearbeitet haben. Du musst nicht alles an einem Tag schaffen, aber es sollte zwischen den einzelnen Übungen nicht zu viel Zeit vergehen.

Bewahre Deine Arbeitsbücher an einem Ort auf, wo sie kein anderer findet und kein anderer darin lesen kann. Du musst bei der Bearbeitung der Übungen zu 200% mit Dir selbst ehrlich sein können und nicht ständig daran denken müssen:

„Oh je, hoffentlich liest das keiner!".

Arbeite von vorne nach hinten eine Übung nach der anderen durch. Versuche bei den schriftlichen Übungen spontan zu antworten. Bleibe erst einmal wertfrei und neugierig. Einfach schreiben!

Lass keine Meditation und keinen Arbeitsauftrag aus.

Wenn Du mit einem Heft durch bist, verschließe es(ich verklebe meine sogar mit Klebeband) und lege sie zur Seite.

Lass los! Das ist ein Teil der Arbeit. Du musst nun nicht mehr daran denken und darfst sogar vergessen, dass du darin gearbeitet hast.

Falls Du ein ähnliches oder neues Thema bearbeiten möchtest, besorge Dir ein neues Heft und fange ganz von vorne wieder an.

Benenne hier mit einem Satz, das Thema/Problem, dass Du genauer erforschen möchtest.

(Beruflich, zwischenmenschlich, finanziell)

Was beschäftigt Dich im Moment am meisten, hindert Dich am Entspannen und kostet Dich Energie?

**1.** Benenne das Problem: *(„Mein Chef behandelt mich ungerecht!")*

. . . . . . . . . . . . . . . . . . . . . . . . . . . . . . . . . . . . . . . . . . . .
. . . . . . . . . . . . . . . . . . . . . . . . . . . . . . . . . . . . . . . . . . . .
. . . . . . . . . . . . . . . . . . . . . . . . . . . . . . . . . . . . . . . . . . . .
. . . . . . . . . . . . . . . . . . . . . . . . . . . . . . . . . . . . . . . . . . . .

**2.** Formuliere genau das Gegenteil: *(„Ich bekomme Anerkennung von meinem Chef für meine Arbeit.")*

. . . . . . . . . . . . . . . . . . . . . . . . . . . . . . . . . . . . . . . . . . . .
. . . . . . . . . . . . . . . . . . . . . . . . . . . . . . . . . . . . . . . . . . . .
. . . . . . . . . . . . . . . . . . . . . . . . . . . . . . . . . . . . . . . . . . . .
. . . . . . . . . . . . . . . . . . . . . . . . . . . . . . . . . . . . . . . . . . . .

**3.** Nenne eine Gemeinsamkeit aus 1. und 2. *(mein Chef)*

. . . . . . . . . . . . . . . . . . . . . . . . . . . . . . . . . . . . . . . . . . . . . . . . . .
. . . . . . . . . . . . . . . . . . . . . . . . . . . . . . . . . . . . . . . . . . . . . . . . . .
. . . . . . . . . . . . . . . . . . . . . . . . . . . . . . . . . . . . . . . . . . . . . . . . . .
. . . . . . . . . . . . . . . . . . . . . . . . . . . . . . . . . . . . . . . . . . . . . . . . . .


**4.** Nenne etwas, dass komplett weg ist, von dem Thema:

*(„Die grüne Wiese hinter unserem Haus.")*

. . . . . . . . . . . . . . . . . . . . . . . . . . . . . . . . . . . . . . . . . . . . . . . . . .
. . . . . . . . . . . . . . . . . . . . . . . . . . . . . . . . . . . . . . . . . . . . . . . . . .
. . . . . . . . . . . . . . . . . . . . . . . . . . . . . . . . . . . . . . . . . . . . . . . . . .
. . . . . . . . . . . . . . . . . . . . . . . . . . . . . . . . . . . . . . . . . . . . . . . . . .

# 1a) Woran hindert Dich unter „1" genannter Glaubenssatz?

Was kannst Du nicht denken, fühlen oder tun weil Du 1. glaubst? Finde bitte möglichst viele Antworten.

Sollte Dir nichts einfallen, kannst Du Dir auch eine andere Person vorstellen und überlegen, was kann diese Person nicht tun, weil sie diesen (unter 1.) Satz glaubt. *("Mit Freude und Spaß in die Arbeit gehen! Meine Freizeit genießen...")*

. . . . . . . . . . . . . . . . . . . . . . . . . . . . . . . . . . . . . . . . . . . . . . . . .

. . . . . . . . . . . . . . . . . . . . . . . . . . . . . . . . . . . . . . . . . . . . . . . . .

. . . . . . . . . . . . . . . . . . . . . . . . . . . . . . . . . . . . . . . . . . . . . . . . .

. . . . . . . . . . . . . . . . . . . . . . . . . . . . . . . . . . . . . . . . . . . . . . . . .

. . . . . . . . . . . . . . . . . . . . . . . . . . . . . . . . . . . . . . . . . . . . . . . . .

. . . . . . . . . . . . . . . . . . . . . . . . . . . . . . . . . . . . . . . . . . . . . . . . .

. . . . . . . . . . . . . . . . . . . . . . . . . . . . . . . . . . . . . . . . . . . . . . . . .

. . . . . . . . . . . . . . . . . . . . . . . . . . . . . . . . . . . . . . . . . . . . . . . . .

. . . . . . . . . . . . . . . . . . . . . . . . . . . . . . . . . . . . . . . . . . . . . . . . .

. . . . . . . . . . . . . . . . . . . . . . . . . . . . . . . . . . . . . . . . . . . . . . . . .

# 1b) Was ermöglicht Dir 1.?

Was kannst Du denken, fühlen, tun, wie Dich verhalten, weil Du 1. glaubst? Besonders hier ist es wichtig, möglichst viele Antworten zu finden. An diesen Antworten kannst Du erkennen, warum Du unbewusst an dieser Realität festhältst. Wenn Du Dir diese Glaubenssätze ins Bewusstsein holst, dann haben sie keine Macht mehr über Dich.

Was ermöglicht Dir 1.? *(„Sauer auf meinen Chef sein. Muffig sein und miese Laune bei der Arbeit haben. Selbst Pampig zu meinen Arbeitskollegen sein!")*

. . . . . . . . . . . . . . . . . . . . . . . . . . . . . . . . . . . . . . . . . . . . . . .

. . . . . . . . . . . . . . . . . . . . . . . . . . . . . . . . . . . . . . . . . . . . . . .

. . . . . . . . . . . . . . . . . . . . . . . . . . . . . . . . . . . . . . . . . . . . . . .

. . . . . . . . . . . . . . . . . . . . . . . . . . . . . . . . . . . . . . . . . . . . . . .

. . . . . . . . . . . . . . . . . . . . . . . . . . . . . . . . . . . . . . . . . . . . . . .

. . . . . . . . . . . . . . . . . . . . . . . . . . . . . . . . . . . . . . . . . . . . . . .

. . . . . . . . . . . . . . . . . . . . . . . . . . . . . . . . . . . . . . . . . . . . . . .

. . . . . . . . . . . . . . . . . . . . . . . . . . . . . . . . . . . . . . . . . . . . . . .

. . . . . . . . . . . . . . . . . . . . . . . . . . . . . . . . . . . . . . . . . . . . . . .

. . . . . . . . . . . . . . . . . . . . . . . . . . . . . . . . . . . . . . . . . . . . . . .

. . . . . . . . . . . . . . . . . . . . . . . . . . . . . . . . . . . . . . . . . . . . . . .

Deine Wunsch-Realität hat irgendeinen Nachteil für Dich, den Du unbewusst nicht annehmen möchtest.

Meistens handelt es sich um eine versteckte
Angst oder ein Vorurteil. Irgendein Gedanke,
der Dich unbewusst daran hindert Dein Ziel zu
erreichen:

„Wenn ich erfolgreich(er) bin, habe ich nur
noch (noch mehr) Stress und keine Freizeit
mehr!"

# 2a) Woran hindert Dich 2.?

Was kannst Du nicht denken, fühlen oder tun weil Du 2. glaubst/wenn Du 2. glauben würdest? Finde auch hier möglichst viele Antworten.

Wenn nötig, stell Dir eine andere Person vor, die an Deinen Satz aus 2. glaubt und überlege, was könnte sie an dieser Stelle nicht denken, fühlen oder tun. *("Wenn ich Anerkennung und Aufmerksamkeit von meinem Chef bekomme, kann ich keine schlechte Arbeit abliefern. Ich hätte keine Ausreden mehr für schlampige Arbeit. Ich hätte keinen Grund zu Jammern.")*

. . . . . . . . . . . . . . . . . . . . . . . . . . . . . . . . . . . . . . . . . . . . . . .

. . . . . . . . . . . . . . . . . . . . . . . . . . . . . . . . . . . . . . . . . . . . . . .

. . . . . . . . . . . . . . . . . . . . . . . . . . . . . . . . . . . . . . . . . . . . . . .

. . . . . . . . . . . . . . . . . . . . . . . . . . . . . . . . . . . . . . . . . . . . . . .

. . . . . . . . . . . . . . . . . . . . . . . . . . . . . . . . . . . . . . . . . . . . . . .

. . . . . . . . . . . . . . . . . . . . . . . . . . . . . . . . . . . . . . . . . . . . . . .

. . . . . . . . . . . . . . . . . . . . . . . . . . . . . . . . . . . . . . . . . . . . . . .

. . . . . . . . . . . . . . . . . . . . . . . . . . . . . . . . . . . . . . . . . . . . . . .

. . . . . . . . . . . . . . . . . . . . . . . . . . . . . . . . . . . . . . . . . . . . . . .

. . . . . . . . . . . . . . . . . . . . . . . . . . . . . . . . . . . . . . . . . . . . . . .

. . . . . . . . . . . . . . . . . . . . . . . . . . . . . . . . . . . . . . . . . . . . . . .

## 2b) Was ermöglicht Dir 2.? Was kannst Du denken, fühlen, tun, wie Dich verhalten, weil Du 2. glaubst/wenn Du 2. glauben würdest? *(„Mit Spaß meine Arbeit erledigen.")*

Findest Du hier mehr Vorteile als bei 1b?

. . . . . . . . . . . . . . . . . . . . . . . . . . . . . . . . . . . . . . . . . . . . . . . .
. . . . . . . . . . . . . . . . . . . . . . . . . . . . . . . . . . . . . . . . . . . . . . . .
. . . . . . . . . . . . . . . . . . . . . . . . . . . . . . . . . . . . . . . . . . . . . . . .
. . . . . . . . . . . . . . . . . . . . . . . . . . . . . . . . . . . . . . . . . . . . . . . .
. . . . . . . . . . . . . . . . . . . . . . . . . . . . . . . . . . . . . . . . . . . . . . . .
. . . . . . . . . . . . . . . . . . . . . . . . . . . . . . . . . . . . . . . . . . . . . . . .
. . . . . . . . . . . . . . . . . . . . . . . . . . . . . . . . . . . . . . . . . . . . . . . .
. . . . . . . . . . . . . . . . . . . . . . . . . . . . . . . . . . . . . . . . . . . . . . . .
. . . . . . . . . . . . . . . . . . . . . . . . . . . . . . . . . . . . . . . . . . . . . . . .
. . . . . . . . . . . . . . . . . . . . . . . . . . . . . . . . . . . . . . . . . . . . . . . .
. . . . . . . . . . . . . . . . . . . . . . . . . . . . . . . . . . . . . . . . . . . . . . . .

## 3a) Woran hindert Dich 3.? *(Woran hindert mich mein Chef? „An Ruhe und Entspannung". „Mein Leben zu genießen" „An nichts. Ich bin ein freier Mensch!")*

. . . . . . . . . . . . . . . . . . . . . . . . . . . . . . . . . . . . . . . . . . . . .

. . . . . . . . . . . . . . . . . . . . . . . . . . . . . . . . . . . . . . . . . . . . .

. . . . . . . . . . . . . . . . . . . . . . . . . . . . . . . . . . . . . . . . . . . . .

. . . . . . . . . . . . . . . . . . . . . . . . . . . . . . . . . . . . . . . . . . . . .

. . . . . . . . . . . . . . . . . . . . . . . . . . . . . . . . . . . . . . . . . . . . .

. . . . . . . . . . . . . . . . . . . . . . . . . . . . . . . . . . . . . . . . . . . . .

## 3b) Was ermöglicht Dir 3.? *(„Wenn ich gut arbeite, dann hätte ich durch meinen Chef vielleicht Aufstiegsmöglichkeiten. Er hat mich angestellt, mir diesen Job gegeben! Vielleicht kann ich von ihm etwas lernen?")*

. . . . . . . . . . . . . . . . . . . . . . . . . . . . . . . . . . . . . . . . . . . . .

. . . . . . . . . . . . . . . . . . . . . . . . . . . . . . . . . . . . . . . . . . . . .

. . . . . . . . . . . . . . . . . . . . . . . . . . . . . . . . . . . . . . . . . . . . .

. . . . . . . . . . . . . . . . . . . . . . . . . . . . . . . . . . . . . . . . . . . . .

. . . . . . . . . . . . . . . . . . . . . . . . . . . . . . . . . . . . . . . . . . . . .

. . . . . . . . . . . . . . . . . . . . . . . . . . . . . . . . . . . . . . . . . . . . .

# 4a) Woran hindert Dich 4.? *(„Wenn statt der grünen Wiese viele Häuser da stehen würden, könnte ich viele Menschen kennen lernen.")*

. . . . . . . . . . . . . . . . . . . . . . . . . . . . . . . . . . . . . . . . . . . . . . .
. . . . . . . . . . . . . . . . . . . . . . . . . . . . . . . . . . . . . . . . . . . . . . .
. . . . . . . . . . . . . . . . . . . . . . . . . . . . . . . . . . . . . . . . . . . . . . .
. . . . . . . . . . . . . . . . . . . . . . . . . . . . . . . . . . . . . . . . . . . . . . .
. . . . . . . . . . . . . . . . . . . . . . . . . . . . . . . . . . . . . . . . . . . . . . .
. . . . . . . . . . . . . . . . . . . . . . . . . . . . . . . . . . . . . . . . . . . . . . .

# 4b) Was ermöglicht Dir 4.? *(„Natur, Entspannung")*

. . . . . . . . . . . . . . . . . . . . . . . . . . . . . . . . . . . . . . . . . . . . . . .
. . . . . . . . . . . . . . . . . . . . . . . . . . . . . . . . . . . . . . . . . . . . . . .
. . . . . . . . . . . . . . . . . . . . . . . . . . . . . . . . . . . . . . . . . . . . . . .
. . . . . . . . . . . . . . . . . . . . . . . . . . . . . . . . . . . . . . . . . . . . . . .
. . . . . . . . . . . . . . . . . . . . . . . . . . . . . . . . . . . . . . . . . . . . . . .
. . . . . . . . . . . . . . . . . . . . . . . . . . . . . . . . . . . . . . . . . . . . . . .

**Anmerkung:**

Vielleicht ist Dir aufgefallen, dass die Vorteile der einen Überzeugung, die Nachteile der anderen sind. Und anders herum. Das, woran Dich Deine erste Überzeugung hindert, ermöglicht Dir die zweite Überzeugung. Auf die Vorteile, die Dir Deine erste Überzeugung bringt, musst Du bei der zweiten verzichten.

Jedes Problem oder jede unerwünschte Situation/Realität hat für Dich einen Vorteil, auch wenn Du ihn Dir im ersten Moment nicht eingestehen möchtest. Das sind oft Vorteile wie: Jammern, Selbstmitleid, Opferrolle, Bequemlichkeit, Schuldzuweisungen.

Diese Vorteile müssen wir annehmen und als selbstgewählt akzeptieren, sonst werden wir unsere aktuelle Situation nicht auflösen können.

Bei Deinem Wunsch-Gedanken, bzw. bei dem Satz den wir als Gegenteil Deiner jetzigen, unerwünschten Realität formuliert haben(2b), solltest Du mehr Vorteile finden, als Deine jetzige Realität Dir bietet.

Deine Wunsch-Realität hat irgendeinen Nachteil für Dich, den Du unbewusst nicht annehmen möchtest. Und wenn es nur ein vermeintliches Vorurteil ist:

„Wenn ich erfolgreich bin, hab ich nur Stress und keine Freizeit mehr!"

Hier geht es auch wieder darum, sich diesen Nachteil bewusst zu machen. Geh also bei dieser Übung in Gedanken verschiedene Situationen durch, fühle Dich hinein und suche auf beiden Seiten, die Vor- und die Nachteile. Die Möglichkeiten und den Verzicht.

**1.** Formuliere das Problem anders, als Du es vorher getan hast. („*Mein Chef brüllt mich immer an!*")

. . . . . . . . . . . . . . . . . . . . . . . . . . . . . . . . . . . . . . . . . . . . . . . .
. . . . . . . . . . . . . . . . . . . . . . . . . . . . . . . . . . . . . . . . . . . . . . . .
. . . . . . . . . . . . . . . . . . . . . . . . . . . . . . . . . . . . . . . . . . . . . . . .
. . . . . . . . . . . . . . . . . . . . . . . . . . . . . . . . . . . . . . . . . . . . . . . .
. . . . . . . . . . . . . . . . . . . . . . . . . . . . . . . . . . . . . . . . . . . . . . . .
. . . . . . . . . . . . . . . . . . . . . . . . . . . . . . . . . . . . . . . . . . . . . . . .

**2.** Formuliere genau das Gegenteil: („*Mein Chef spricht immer ruhig und freundlich mit mir.*")

. . . . . . . . . . . . . . . . . . . . . . . . . . . . . . . . . . . . . . . . . . . . . . . .
. . . . . . . . . . . . . . . . . . . . . . . . . . . . . . . . . . . . . . . . . . . . . . . .
. . . . . . . . . . . . . . . . . . . . . . . . . . . . . . . . . . . . . . . . . . . . . . . .
. . . . . . . . . . . . . . . . . . . . . . . . . . . . . . . . . . . . . . . . . . . . . . . .
. . . . . . . . . . . . . . . . . . . . . . . . . . . . . . . . . . . . . . . . . . . . . . . .

**3.** Nenne eine Gemeinsamkeit aus 1. und 2. (*„Mein Chef"*)

. . . . . . . . . . . . . . . . . . . . . . . . . . . . . . . . . . . . . . . . . . . . . . . .
. . . . . . . . . . . . . . . . . . . . . . . . . . . . . . . . . . . . . . . . . . . . . . . .
. . . . . . . . . . . . . . . . . . . . . . . . . . . . . . . . . . . . . . . . . . . . . . . .
. . . . . . . . . . . . . . . . . . . . . . . . . . . . . . . . . . . . . . . . . . . . . . . .

**4.** Nenne etwas, dass komplett weg ist, von dem Thema:

(*„Eine Hundehütte."*)

. . . . . . . . . . . . . . . . . . . . . . . . . . . . . . . . . . . . . . . . . . . . . . .

. . . . . . . . . . . . . . . . . . . . . . . . . . . . . . . . . . . . . . . . . . . . . . .

. . . . . . . . . . . . . . . . . . . . . . . . . . . . . . . . . . . . . . . . . . . . . . .

. . . . . . . . . . . . . . . . . . . . . . . . . . . . . . . . . . . . . . . . . . . . . . .

. . . . . . . . . . . . . . . . . . . . . . . . . . . . . . . . . . . . . . . . . . . . . . .

. . . . . . . . . . . . . . . . . . . . . . . . . . . . . . . . . . . . . . . . . . . . . . .

Gleiches Spiel wie vorher. Erkenne und Akzeptiere die Vorteile die Du durch Satz Nr. 1. hast.

Finde mehr Vorteile bei Deinem zweiten Satz.

Neutralisiere mit Satz 3 und 4.

**1a)** Woran hindert Dich unter „1" genannter Glaubenssatz?

Was kannst Du nicht denken, fühlen oder tun, weil Du glaubst, dass 1. Realität ist?

Finde wieder mehrere Antworten. *(„Wenn mein Chef mich anbrüllt, kann ich nicht entspannt meiner Arbeit nach gehen...")*

. . . . . . . . . . . . . . . . . . . . . . . . . . . . . . . . . . . . . . . . . . . . . . . . .

. . . . . . . . . . . . . . . . . . . . . . . . . . . . . . . . . . . . . . . . . . . . . . . . .

. . . . . . . . . . . . . . . . . . . . . . . . . . . . . . . . . . . . . . . . . . . . . . . . .

. . . . . . . . . . . . . . . . . . . . . . . . . . . . . . . . . . . . . . . . . . . . . . . . .

. . . . . . . . . . . . . . . . . . . . . . . . . . . . . . . . . . . . . . . . . . . . . . . . .

. . . . . . . . . . . . . . . . . . . . . . . . . . . . . . . . . . . . . . . . . . . . . . . . .

. . . . . . . . . . . . . . . . . . . . . . . . . . . . . . . . . . . . . . . . . . . . . . . . .

. . . . . . . . . . . . . . . . . . . . . . . . . . . . . . . . . . . . . . . . . . . . . . . . .

. . . . . . . . . . . . . . . . . . . . . . . . . . . . . . . . . . . . . . . . . . . . . . . . .

. . . . . . . . . . . . . . . . . . . . . . . . . . . . . . . . . . . . . . . . . . . . . . . . .

. . . . . . . . . . . . . . . . . . . . . . . . . . . . . . . . . . . . . . . . . . . . . . . . .

. . . . . . . . . . . . . . . . . . . . . . . . . . . . . . . . . . . . . . . . . . . . . . . . .

# 1b) Was ermöglicht Dir 1.?

Was kannst Du denken, fühlen oder tun, wie Dich verhalten, weil Du 1. glaubst? Denke an eine andere Person, die das erlebt. Was kann diese Person tun, welche Möglichkeiten eröffnen sich ihr, mit Deinem unter 1 genannten Glaubenssatz?

*("Wenn mein Chef mich anbrüllt, kann ich jammern und mich klein machen! Opferrolle. Ihm die Schuld geben, wenn etwas nicht funktioniert.... Mein Partner/meine Partnerin hat Mitleid mit mir und kümmert sich um mich!")*

. . . . . . . . . . . . . . . . . . . . . . . . . . . . . . . . . . . . . . . . . . . . . .
. . . . . . . . . . . . . . . . . . . . . . . . . . . . . . . . . . . . . . . . . . . . . .
. . . . . . . . . . . . . . . . . . . . . . . . . . . . . . . . . . . . . . . . . . . . . .
. . . . . . . . . . . . . . . . . . . . . . . . . . . . . . . . . . . . . . . . . . . . . .
. . . . . . . . . . . . . . . . . . . . . . . . . . . . . . . . . . . . . . . . . . . . . .
. . . . . . . . . . . . . . . . . . . . . . . . . . . . . . . . . . . . . . . . . . . . . .
. . . . . . . . . . . . . . . . . . . . . . . . . . . . . . . . . . . . . . . . . . . . . .
. . . . . . . . . . . . . . . . . . . . . . . . . . . . . . . . . . . . . . . . . . . . . .
. . . . . . . . . . . . . . . . . . . . . . . . . . . . . . . . . . . . . . . . . . . . . .
. . . . . . . . . . . . . . . . . . . . . . . . . . . . . . . . . . . . . . . . . . . . . .
. . . . . . . . . . . . . . . . . . . . . . . . . . . . . . . . . . . . . . . . . . . . . .

**2a)** Woran hindert Dich 2.? Was kannst Du nicht denken, fühlen, tun weil Du 2. Glaubst? Welche Vorteile hättest Du, wenn Du 2. glauben würdest, bzw. wenn 2. Realität wäre? (*"Wenn mein Chef ruhig mit mir spricht, kann ich nicht über ihn lästern oder ihm die Schuld am schlechten Arbeitsklima geben......"*)

. . . . . . . . . . . . . . . . . . . . . . . . . . . . . . . . . . . . . . . . . . . . . . . . . . .

. . . . . . . . . . . . . . . . . . . . . . . . . . . . . . . . . . . . . . . . . . . . . . . . . . .

. . . . . . . . . . . . . . . . . . . . . . . . . . . . . . . . . . . . . . . . . . . . . . . . . . .

. . . . . . . . . . . . . . . . . . . . . . . . . . . . . . . . . . . . . . . . . . . . . . . . . . .

. . . . . . . . . . . . . . . . . . . . . . . . . . . . . . . . . . . . . . . . . . . . . . . . . . .

. . . . . . . . . . . . . . . . . . . . . . . . . . . . . . . . . . . . . . . . . . . . . . . . . . .

. . . . . . . . . . . . . . . . . . . . . . . . . . . . . . . . . . . . . . . . . . . . . . . . . . .

. . . . . . . . . . . . . . . . . . . . . . . . . . . . . . . . . . . . . . . . . . . . . . . . . . .

. . . . . . . . . . . . . . . . . . . . . . . . . . . . . . . . . . . . . . . . . . . . . . . . . . .

. . . . . . . . . . . . . . . . . . . . . . . . . . . . . . . . . . . . . . . . . . . . . . . . . . .

. . . . . . . . . . . . . . . . . . . . . . . . . . . . . . . . . . . . . . . . . . . . . . . . . . .

. . . . . . . . . . . . . . . . . . . . . . . . . . . . . . . . . . . . . . . . . . . . . . . . . . .

## 2b) Was ermöglicht Dir 2.? Was kannst Du denken, fühlen, tun, wie Dich verhalten, weil Du 2. glaubst/wenn Du 2. glauben würdest? *(„Ich kann ebenfalls freundlich zu ihm sein, wenn er freundlich mit mir spricht. Ich kann entspannt in die Arbeit gehen. Mit Spaß meine Arbeit erledigen.")*

. . . . . . . . . . . . . . . . . . . . . . . . . . . . . . . . . . . . . . . . . . . . . .

. . . . . . . . . . . . . . . . . . . . . . . . . . . . . . . . . . . . . . . . . . . . . .

. . . . . . . . . . . . . . . . . . . . . . . . . . . . . . . . . . . . . . . . . . . . . .

. . . . . . . . . . . . . . . . . . . . . . . . . . . . . . . . . . . . . . . . . . . . . .

. . . . . . . . . . . . . . . . . . . . . . . . . . . . . . . . . . . . . . . . . . . . . .

. . . . . . . . . . . . . . . . . . . . . . . . . . . . . . . . . . . . . . . . . . . . . .

. . . . . . . . . . . . . . . . . . . . . . . . . . . . . . . . . . . . . . . . . . . . . .

. . . . . . . . . . . . . . . . . . . . . . . . . . . . . . . . . . . . . . . . . . . . . .

. . . . . . . . . . . . . . . . . . . . . . . . . . . . . . . . . . . . . . . . . . . . . .

. . . . . . . . . . . . . . . . . . . . . . . . . . . . . . . . . . . . . . . . . . . . . .

. . . . . . . . . . . . . . . . . . . . . . . . . . . . . . . . . . . . . . . . . . . . . .

Betrachte die Gemeinsamkeit aus Satz 1 und 2 von einem komplett neutralen Standpunkt.

Emotionslos, wertfrei, ohne Urteil.

## 3a) Woran hindert Dich 3.?

. . . . . . . . . . . . . . . . . . . . . . . . . . . . . . . . . . . . . . . . . . . . .
. . . . . . . . . . . . . . . . . . . . . . . . . . . . . . . . . . . . . . . . . . . . .
. . . . . . . . . . . . . . . . . . . . . . . . . . . . . . . . . . . . . . . . . . . . .
. . . . . . . . . . . . . . . . . . . . . . . . . . . . . . . . . . . . . . . . . . . . .
. . . . . . . . . . . . . . . . . . . . . . . . . . . . . . . . . . . . . . . . . . . . .
. . . . . . . . . . . . . . . . . . . . . . . . . . . . . . . . . . . . . . . . . . . . .

## 3b) Was ermöglicht Dir 3.?

. . . . . . . . . . . . . . . . . . . . . . . . . . . . . . . . . . . . . . . . . . . . .
. . . . . . . . . . . . . . . . . . . . . . . . . . . . . . . . . . . . . . . . . . . . .
. . . . . . . . . . . . . . . . . . . . . . . . . . . . . . . . . . . . . . . . . . . . .
. . . . . . . . . . . . . . . . . . . . . . . . . . . . . . . . . . . . . . . . . . . . .
. . . . . . . . . . . . . . . . . . . . . . . . . . . . . . . . . . . . . . . . . . . . .
. . . . . . . . . . . . . . . . . . . . . . . . . . . . . . . . . . . . . . . . . . . . .

## 4a) Woran hindert Dich 4.?

. . . . . . . . . . . . . . . . . . . . . . . . . . . . . . . . . . . . . . . . . . . . .
. . . . . . . . . . . . . . . . . . . . . . . . . . . . . . . . . . . . . . . . . . . . .
. . . . . . . . . . . . . . . . . . . . . . . . . . . . . . . . . . . . . . . . . . . . .
. . . . . . . . . . . . . . . . . . . . . . . . . . . . . . . . . . . . . . . . . . . . .
. . . . . . . . . . . . . . . . . . . . . . . . . . . . . . . . . . . . . . . . . . . . .
. . . . . . . . . . . . . . . . . . . . . . . . . . . . . . . . . . . . . . . . . . . . .

## 4b) Was ermöglicht Dir 4.?

. . . . . . . . . . . . . . . . . . . . . . . . . . . . . . . . . . . . . . . . . . . . .
. . . . . . . . . . . . . . . . . . . . . . . . . . . . . . . . . . . . . . . . . . . . .
. . . . . . . . . . . . . . . . . . . . . . . . . . . . . . . . . . . . . . . . . . . . .
. . . . . . . . . . . . . . . . . . . . . . . . . . . . . . . . . . . . . . . . . . . . .
. . . . . . . . . . . . . . . . . . . . . . . . . . . . . . . . . . . . . . . . . . . . .
. . . . . . . . . . . . . . . . . . . . . . . . . . . . . . . . . . . . . . . . . . . . .

Datum: . . . . . . . . .

**A.** Nimm die Sätze der Nummern 2. und fasse sie als einen zusammen.

Ergänze mit den Antworten aus **2b)** Vereinfache den Satz und formuliere ihn in den IST-Zustand, so als ob es JETZT schon Realität wäre.

Achte darauf, dass er rein positiv formuliert ist. D. h. Keine Verneinung, kein „nicht", kein „ich will" oder „ich will nicht!".

Formuliere, wenn nötig den Satz ein paar Mal um, bis er sich harmonisch anfühlt und Du ihn flüssig und leicht aufsagen kannst.

*(„Mit Freude und Spaß gehe ich entspannt in meine Arbeit und habe ein tolles Arbeitsverhältnis zu meinem Chef und meinen Kollegen!")*

Du musst diesen Satz nicht glauben. Er kann sich auch noch komplett falsch anfühlen. Er ist jetzt nur ein Instrument, mit dem Du arbeiten sollst.

A.

**B.** Kannst Du die Vorteile, die Dir Dein ursprünglicher Satz brachte **(1b)** auf Deine neue Realität projizieren?

*(„Ich kann auch noch manchmal jammern, wenn mein Chef freundlich zu mir ist." „Mein Partner/meine Partnerin kümmert sich auch um mich, wenn ich bei der Arbeit Spaß habe!")*

. . . . . . . . . . . . . . . . . . . . . . . . . . . . . . . . . . . . . . . . . . . . . . . .

. . . . . . . . . . . . . . . . . . . . . . . . . . . . . . . . . . . . . . . . . . . . . . . .

. . . . . . . . . . . . . . . . . . . . . . . . . . . . . . . . . . . . . . . . . . . . . . . .

. . . . . . . . . . . . . . . . . . . . . . . . . . . . . . . . . . . . . . . . . . . . . . . .

. . . . . . . . . . . . . . . . . . . . . . . . . . . . . . . . . . . . . . . . . . . . . . . .

. . . . . . . . . . . . . . . . . . . . . . . . . . . . . . . . . . . . . . . . . . . . . . . .

. . . . . . . . . . . . . . . . . . . . . . . . . . . . . . . . . . . . . . . . . . . . . . . .

. . . . . . . . . . . . . . . . . . . . . . . . . . . . . . . . . . . . . . . . . . . . . . . .

. . . . . . . . . . . . . . . . . . . . . . . . . . . . . . . . . . . . . . . . . . . . . . . .

. . . . . . . . . . . . . . . . . . . . . . . . . . . . . . . . . . . . . . . . . . . . . . . .

. . . . . . . . . . . . . . . . . . . . . . . . . . . . . . . . . . . . . . . . . . . . . . . .

. . . . . . . . . . . . . . . . . . . . . . . . . . . . . . . . . . . . . . . . . . . . . . . .

# C. Lerne den Satz aus A. auswendig.

Sprich ihn laut aus, hohl einen tiefen Atemzug und schreibe den ersten Gedanken, der Dir wie eine spontane Antwort in den Sinn kommt auf.

Fahre fort bis Du zehn Blockaden, Gegenargumente oder negative Glaubenssätze definiert hast:

*(Sprich Satz A laut aus: „Mit Freude und Spaß gehe ich entspannt in meine Arbeit und habe ein tolles Arbeitsverhältnis zu meinem Chef und meinen Kollegen!"*

*Spontane Antwort:*
*„Mein Chef ist ein Idiot!"*
*„Meine Arbeit macht überhaupt keinen Spaß!"*
*„Ich habe keine Zeit zum Entspannen!"*

1. . . . . . . . . . . . . . . . . . . . . . . . . . . . . . . . . . . . . . . . .
. . . . . . . . . . . . . . . . . . . . . . . . . . . . . . . . . . . . . . . . .

2. . . . . . . . . . . . . . . . . . . . . . . . . . . . . . . . . . . . . . . . .
. . . . . . . . . . . . . . . . . . . . . . . . . . . . . . . . . . . . . . . . .

3. . . . . . . . . . . . . . . . . . . . . . . . . . . . . . . . . . . . . . . . .
. . . . . . . . . . . . . . . . . . . . . . . . . . . . . . . . . . . . . . . . .

4. . . . . . . . . . . . . . . . . . . . . . . . . . . . . . . . . . . . . . . . .
. . . . . . . . . . . . . . . . . . . . . . . . . . . . . . . . . . . . . . . . .

5. . . . . . . . . . . . . . . . . . . . . . . . . . . . . . . . . . . . . . . . . . . . . .
. . . . . . . . . . . . . . . . . . . . . . . . . . . . . . . . . . . . . . . . . . . . .

6. . . . . . . . . . . . . . . . . . . . . . . . . . . . . . . . . . . . . . . . . . . . . .
. . . . . . . . . . . . . . . . . . . . . . . . . . . . . . . . . . . . . . . . . . . . .

7. . . . . . . . . . . . . . . . . . . . . . . . . . . . . . . . . . . . . . . . . . . . . .
. . . . . . . . . . . . . . . . . . . . . . . . . . . . . . . . . . . . . . . . . . . . .

8. . . . . . . . . . . . . . . . . . . . . . . . . . . . . . . . . . . . . . . . . . . . . .
. . . . . . . . . . . . . . . . . . . . . . . . . . . . . . . . . . . . . . . . . . . . .

9. . . . . . . . . . . . . . . . . . . . . . . . . . . . . . . . . . . . . . . . . . . . . .
. . . . . . . . . . . . . . . . . . . . . . . . . . . . . . . . . . . . . . . . . . . . .

10. . . . . . . . . . . . . . . . . . . . . . . . . . . . . . . . . . . . . . . . . . . . .
. . . . . . . . . . . . . . . . . . . . . . . . . . . . . . . . . . . . . . . . . . . . .

**D.** Wandle jeden Einwand in einen positiven Affirmations-satz um.

Aus: „Ich habe zu wenig Zeit um meine Aufgaben zu erledigen" wird „Entspannt schaffe ich meine Aufgaben in einem angemessenem Zeitrahmen".

Aus „Das schaffe ich nie" wird „Ich schaffe alles was ich will!" Fahre fort bis Du 10 positive Glaubenssätze hast.

1. . . . . . . . . . . . . . . . . . . . . . . . . . . . . . . . . . . . . . . . . . . . . .
. . . . . . . . . . . . . . . . . . . . . . . . . . . . . . . . . . . . . . . . . . . . . .

2. . . . . . . . . . . . . . . . . . . . . . . . . . . . . . . . . . . . . . . . . . . . . .
. . . . . . . . . . . . . . . . . . . . . . . . . . . . . . . . . . . . . . . . . . . . . .

3. . . . . . . . . . . . . . . . . . . . . . . . . . . . . . . . . . . . . . . . . . . . . .
. . . . . . . . . . . . . . . . . . . . . . . . . . . . . . . . . . . . . . . . . . . . . .

4. . . . . . . . . . . . . . . . . . . . . . . . . . . . . . . . . . . . . . . . . . . . . .
. . . . . . . . . . . . . . . . . . . . . . . . . . . . . . . . . . . . . . . . . . . . . .

5. . . . . . . . . . . . . . . . . . . . . . . . . . . . . . . . . . . . . . . . . . . . . .
. . . . . . . . . . . . . . . . . . . . . . . . . . . . . . . . . . . . . . . . . . . . . .

6. . . . . . . . . . . . . . . . . . . . . . . . . . . . . . . . . . . . . . . . . . . . . .
. . . . . . . . . . . . . . . . . . . . . . . . . . . . . . . . . . . . . . . . . . . . . .

7. . . . . . . . . . . . . . . . . . . . . . . . . . . . . . . . . . . . . . . . . . . . . .
. . . . . . . . . . . . . . . . . . . . . . . . . . . . . . . . . . . . . . . . . . . . . .

8. . . . . . . . . . . . . . . . . . . . . . . . . . . . . . . . . . . . . . . . . . . . . . .
. . . . . . . . . . . . . . . . . . . . . . . . . . . . . . . . . . . . . . . . . . . . . .
9 . . . . . . . . . . . . . . . . . . . . . . . . . . . . . . . . . . . . . . . . . . . . . . .
. . . . . . . . . . . . . . . . . . . . . . . . . . . . . . . . . . . . . . . . . . . . . .
10. . . . . . . . . . . . . . . . . . . . . . . . . . . . . . . . . . . . . . . . . . . . . . .
. . . . . . . . . . . . . . . . . . . . . . . . . . . . . . . . . . . . . . . . . . . . . . .

Nenne eine Erkenntnis, ein „Bewusst werden", ein „Aha!",
dass Dir vorher nicht bewusst war.

. . . . . . . . . . . . . . . . . . . . . . . . . . . . . . . . . . . . . . . . . . . . . . . . .

. . . . . . . . . . . . . . . . . . . . . . . . . . . . . . . . . . . . . . . . . . . . . . . . .

. . . . . . . . . . . . . . . . . . . . . . . . . . . . . . . . . . . . . . . . . . . . . . . . .

. . . . . . . . . . . . . . . . . . . . . . . . . . . . . . . . . . . . . . . . . . . . . . . . .

. . . . . . . . . . . . . . . . . . . . . . . . . . . . . . . . . . . . . . . . . . . . . . . . .

. . . . . . . . . . . . . . . . . . . . . . . . . . . . . . . . . . . . . . . . . . . . . . . . .

. . . . . . . . . . . . . . . . . . . . . . . . . . . . . . . . . . . . . . . . . . . . . . . . .

. . . . . . . . . . . . . . . . . . . . . . . . . . . . . . . . . . . . . . . . . . . . . . . . .

. . . . . . . . . . . . . . . . . . . . . . . . . . . . . . . . . . . . . . . . . . . . . . . . .

. . . . . . . . . . . . . . . . . . . . . . . . . . . . . . . . . . . . . . . . . . . . . . . . .

. . . . . . . . . . . . . . . . . . . . . . . . . . . . . . . . . . . . . . . . . . . . . . . . .

. . . . . . . . . . . . . . . . . . . . . . . . . . . . . . . . . . . . . . . . . . . . . . . . .

**Aufgabe:**

Über den ganzen Tag hinweg sprich Deinen positiven Satz laut aus, oder formuliere ihn ständig in Deinen Gedanken. Beim Kochen, beim Autofahren, vor dem Einschlafen. Lass das Radio aus und mach aus diesem positiven Satz einen Ohrwurm, der Dich ständig begleitet.

Alles was an Gedanken in Deinem Kopf kreisen sollte ist dieser neue Gedanke.

Wenn andere Gedanken auftauchen, betrachte sie kurz, akzeptiere sie und dann wiederhole bewusst Deinen neuen Satz.

## Auto-Suggestion

Das Konzept hinter oben genannter und nächster Übung ist, dass Du ja Wochen und Monate damit verbracht hast, Deinen unproduktiven Gedanken **(1.)** zu denken und zu glauben. Bei jedem noch so kleinen Misserfolg oder schlechten Tag, kam Dein endloser Loop* auf Hochtouren und wiederholte Deine unbewusst gewählten Affirmationen** wieder und wieder.

Wie durch eine gefärbte Sonnenbrille entdeckst Du in Deinem Umfeld zusätzlich immer wieder Beweise, die Dir nur noch mehr bestätigen, wovon Du überzeugt bist/warst. („Alles ist doof!" „Ich hab ja gewusst, das wird nichts!" „Immer passiert das mir!")

Deine unbewussten Überzeugungen beeinflussen natürlich auch Deine Körpersprache, Dein Auftreten und Deine Reaktion auf andere Menschen. So hast Du Dich durch Dein (unbewusstes) Verhalten in Situationen manövriert, die Dich erst recht unglücklich, verzweifelt oder traurig zurück gelassen haben.

Wie Schlamm und Dreck in einem Teich, sind viele hundert Male diese negativen und selbstzerstörerischen Gedanken auf den Grund Deines Unterbewusstseins gesunken. Jetzt musst Du jede Menge klares und sauberes Quellwasser nachschütten, bis der Morast ausgespült ist. Aber nicht erschrecken.

Gerade am Anfang wird erst recht Dreck aufgewirbelt, bevor der Teich beginnt klar und sauber zu werden. Dazu kommt, dass Dein Unterbewusstsein diese Gedanken ja gar nicht so gerne hergeben möchte. Ihr zwei habt Euch schon so sehr daran gewöhnt, frustriert und depressiv zu sein, dass Dein Unterbewusstsein Dir suggeriert, wenn Du jetzt etwas an Deinem Leben änderst, Dein Denken überarbeitest, etwas noch viel schlimmeres eintreten könnte.

Dein Unterbewusstsein wird beginnen Dich zu boykottieren. Ausreden oder vermeintlich wichtigere Dinge fallen Dir plötzlich ein, dass Du diese Übung jetzt nicht fertig machen kannst. Du wolltest ja schon lange diese Kommode ausmisten oder die Steuererklärung machen. Gerade jetzt, wo Du eigentlich ans Eingemachte Deiner Überzeugungen gehst, fällt Dir plötzlich so etwas ein.

Lass Dich nicht ablenken. Jetzt zählt nur noch der eiserne Wille.

Jetzt ist es an der Zeit das zu ändern!

*Endlosschleife, sich ständig wiederholendes Musikstück, Ohrwurm.

**Affirmation = Bejahungen

Wenn Du nicht die Möglichkeit hast, Deinen positiven, bewusst gewählten Wunsch-Satz ständig laut auszusprechen, dann kannst Du ihn auch aufschreiben.

Schreibe Deinen Satz aus **A.** in folgende Zeilen und schreibe, ohne zu überlegen eine Reaktion, die Dir spontan in den Sinn kommt darunter. Das können Einwände, Kritiken, Widersprüche, aber auch Zustimmungen, Bejahungen und Erkenntnisse sein.

Betrachte die Einwände und Kritiken. Auf diese Weise, holst Du sie Dir ins Bewusstsein und sie haben keine Macht mehr über Dich. Freu Dich über die Bestätigungen, Zustimmungen und Erkenntnisse.

Führe diese Übung so lange aus, bis nur noch Bestätigungen und positives Feedback auftauchen oder Du das Gefühl hast, dass der Satz „sitzt". Es kommt ein Punkt wo sich der neue Satz in Deinem Glaubenssystem verankert hat.

Das spürst Du, wie eine Art Einrasten. Je nachdem wie geübt Du mit diesen Übungen bist oder wie tief Dein alter Glaubenssatz hängt, musst Du mit dem neuen Satz vielleicht mehrere DIN A4 Blätter vollschreiben, bevor Du eine Erleichterung spürst.

Es geht nicht darum, ob diese Übungen funktionieren, sondern nur noch darum:

„Bist Du bereit, sie so lange auszuführen, bis sie funktioniert?"; Fred Dodson

Schreibe Deinen Satz aus **A.** und schreibe, ohne zu überlegen eine Reaktion, die Dir spontan in den Sinn kommt darunter.

1. . . . . . . . . . . . . . . . . . . . . . . . . . . . . . . . . . . . . . . . . . . . .
. . . . . . . . . . . . . . . . . . . . . . . . . . . . . . . . . . . . . . . . . . . . .

Antwort: . . . . . . . . . . . . . . . . . . . . . . . . . . . . . . . . . . . . . . . . .

2. . . . . . . . . . . . . . . . . . . . . . . . . . . . . . . . . . . . . . . . . . . . .
. . . . . . . . . . . . . . . . . . . . . . . . . . . . . . . . . . . . . . . . . . . . .

Antwort: . . . . . . . . . . . . . . . . . . . . . . . . . . . . . . . . . . . . . . . . .

3. . . . . . . . . . . . . . . . . . . . . . . . . . . . . . . . . . . . . . . . . . . . .
. . . . . . . . . . . . . . . . . . . . . . . . . . . . . . . . . . . . . . . . . . . . .

Antwort: . . . . . . . . . . . . . . . . . . . . . . . . . . . . . . . . . . . . . . . . .

4. . . . . . . . . . . . . . . . . . . . . . . . . . . . . . . . . . . . . . . . . . . . .
. . . . . . . . . . . . . . . . . . . . . . . . . . . . . . . . . . . . . . . . . . . . .

Antwort: . . . . . . . . . . . . . . . . . . . . . . . . . . . . . . . . . . . . . . . . .

5. . . . . . . . . . . . . . . . . . . . . . . . . . . . . . . . . . . . . . . . . . . . . . . . . . . .

. . . . . . . . . . . . . . . . . . . . . . . . . . . . . . . . . . . . . . . . . . . . . . . . . . . .

Antwort: . . . . . . . . . . . . . . . . . . . . . . . . . . . . . . . . . . . . . . . . . . . . . .

6. . . . . . . . . . . . . . . . . . . . . . . . . . . . . . . . . . . . . . . . . . . . . . . . . . . .

. . . . . . . . . . . . . . . . . . . . . . . . . . . . . . . . . . . . . . . . . . . . . . . . . . . .

Antwort: . . . . . . . . . . . . . . . . . . . . . . . . . . . . . . . . . . . . . . . . . . . . . .

7. . . . . . . . . . . . . . . . . . . . . . . . . . . . . . . . . . . . . . . . . . . . . . . . . . . .

. . . . . . . . . . . . . . . . . . . . . . . . . . . . . . . . . . . . . . . . . . . . . . . . . . . .

Antwort: . . . . . . . . . . . . . . . . . . . . . . . . . . . . . . . . . . . . . . . . . . . . . .

8. . . . . . . . . . . . . . . . . . . . . . . . . . . . . . . . . . . . . . . . . . . . . . . . . . . .

. . . . . . . . . . . . . . . . . . . . . . . . . . . . . . . . . . . . . . . . . . . . . . . . . . . .

Antwort: . . . . . . . . . . . . . . . . . . . . . . . . . . . . . . . . . . . . . . . . . . . . . .

. . . . . . . . . . . . . . . . . . . . . . . . . . . . . . . . . . . . . . . . . . . . . . . . . . . .

. . . . . . . . . . . . . . . . . . . . . . . . . . . . . . . . . . . . . . . . . . . . . . . . . . . .

Antwort: . . . . . . . . . . . . . . . . . . . . . . . . . . . . . . . . . . . . . . . . . . . . . .

10. . . . . . . . . . . . . . . . . . . . . . . . . . . . . . . . . . . . . . . . . . . . . . . . . .

. . . . . . . . . . . . . . . . . . . . . . . . . . . . . . . . . . . . . . . . . . . . . . . . . .

Antwort: . . . . . . . . . . . . . . . . . . . . . . . . . . . . . . . . . . . . . . . . . . .

11. . . . . . . . . . . . . . . . . . . . . . . . . . . . . . . . . . . . . . . . . . . . . . . . . .

. . . . . . . . . . . . . . . . . . . . . . . . . . . . . . . . . . . . . . . . . . . . . . . . . .

Antwort: . . . . . . . . . . . . . . . . . . . . . . . . . . . . . . . . . . . . . . . . . . .

12. . . . . . . . . . . . . . . . . . . . . . . . . . . . . . . . . . . . . . . . . . . . . . . . . .

. . . . . . . . . . . . . . . . . . . . . . . . . . . . . . . . . . . . . . . . . . . . . . . . . .

Antwort: . . . . . . . . . . . . . . . . . . . . . . . . . . . . . . . . . . . . . . . . . . .

13. . . . . . . . . . . . . . . . . . . . . . . . . . . . . . . . . . . . . . . . . . . . . . . . . .

. . . . . . . . . . . . . . . . . . . . . . . . . . . . . . . . . . . . . . . . . . . . . . . . . .

Antwort: . . . . . . . . . . . . . . . . . . . . . . . . . . . . . . . . . . . . . . . . . . .

14. . . . . . . . . . . . . . . . . . . . . . . . . . . . . . . . . . . . . . . . . . . . . . . . . .

. . . . . . . . . . . . . . . . . . . . . . . . . . . . . . . . . . . . . . . . . . . . . . . . . .

Antwort: . . . . . . . . . . . . . . . . . . . . . . . . . . . . . . . . . . . . . . . . . . .

15. . . . . . . . . . . . . . . . . . . . . . . . . . . . . . . . . . . . . . . . . . . . . . . . .
. . . . . . . . . . . . . . . . . . . . . . . . . . . . . . . . . . . . . . . . . . . . . . . .

Antwort: . . . . . . . . . . . . . . . . . . . . . . . . . . . . . . . . . . . . . . . . . . . .

16. . . . . . . . . . . . . . . . . . . . . . . . . . . . . . . . . . . . . . . . . . . . . . . . .
. . . . . . . . . . . . . . . . . . . . . . . . . . . . . . . . . . . . . . . . . . . . . . . .

Antwort: . . . . . . . . . . . . . . . . . . . . . . . . . . . . . . . . . . . . . . . . . . . .

17. . . . . . . . . . . . . . . . . . . . . . . . . . . . . . . . . . . . . . . . . . . . . . . . .
. . . . . . . . . . . . . . . . . . . . . . . . . . . . . . . . . . . . . . . . . . . . . . . .

Antwort: . . . . . . . . . . . . . . . . . . . . . . . . . . . . . . . . . . . . . . . . . . . .

18. . . . . . . . . . . . . . . . . . . . . . . . . . . . . . . . . . . . . . . . . . . . . . . . .
. . . . . . . . . . . . . . . . . . . . . . . . . . . . . . . . . . . . . . . . . . . . . . . .

Antwort: . . . . . . . . . . . . . . . . . . . . . . . . . . . . . . . . . . . . . . . . . . . .

19. . . . . . . . . . . . . . . . . . . . . . . . . . . . . . . . . . . . . . . . . . . . . . . . .
. . . . . . . . . . . . . . . . . . . . . . . . . . . . . . . . . . . . . . . . . . . . . . . .

Antwort: . . . . . . . . . . . . . . . . . . . . . . . . . . . . . . . . . . . . . . . . . . . .

20. . . . . . . . . . . . . . . . . . . . . . . . . . . . . . . . . . . . . . . . .
. . . . . . . . . . . . . . . . . . . . . . . . . . . . . . . . . . . . . . . . . . .

Antwort: . . . . . . . . . . . . . . . . . . . . . . . . . . . . . . . . . . . . . .

Welcher „Einwand", welcher Zweifel ist am stärksten, bzw.
hindert Dich am meisten an Deinem Erfolg?

. . . . . . . . . . . . . . . . . . . . . . . . . . . . . . . . . . . . . . . . . . .
. . . . . . . . . . . . . . . . . . . . . . . . . . . . . . . . . . . . . . . . . . .
. . . . . . . . . . . . . . . . . . . . . . . . . . . . . . . . . . . . . . . . . . .
. . . . . . . . . . . . . . . . . . . . . . . . . . . . . . . . . . . . . . . . . . .
. . . . . . . . . . . . . . . . . . . . . . . . . . . . . . . . . . . . . . . . . . .

Was spricht am meisten GEGEN Deine gewünschte Realität?
Welche Bedenken hast Du immer noch?

. . . . . . . . . . . . . . . . . . . . . . . . . . . . . . . . . . . . . . . . . . .
. . . . . . . . . . . . . . . . . . . . . . . . . . . . . . . . . . . . . . . . . . .
. . . . . . . . . . . . . . . . . . . . . . . . . . . . . . . . . . . . . . . . . . .
. . . . . . . . . . . . . . . . . . . . . . . . . . . . . . . . . . . . . . . . . . .
. . . . . . . . . . . . . . . . . . . . . . . . . . . . . . . . . . . . . . . . . . .

Von wem oder was hast Du dieses Gegenargument? (Eltern, Freunde, Gesellschaft, Dir selbst)

. . . . . . . . . . . . . . . . . . . . . . . . . . . . . . . . . . . . . . . . . . . . .
. . . . . . . . . . . . . . . . . . . . . . . . . . . . . . . . . . . . . . . . . . . . .
. . . . . . . . . . . . . . . . . . . . . . . . . . . . . . . . . . . . . . . . . . . . .
. . . . . . . . . . . . . . . . . . . . . . . . . . . . . . . . . . . . . . . . . . . . .
. . . . . . . . . . . . . . . . . . . . . . . . . . . . . . . . . . . . . . . . . . . . .
. . . . . . . . . . . . . . . . . . . . . . . . . . . . . . . . . . . . . . . . . . . . .

Wovor möchte der stärkste Einwand Dich beschützen? *(„Blamage, noch mehr Stress, ….")*

. . . . . . . . . . . . . . . . . . . . . . . . . . . . . . . . . . . . . . . . . . . . .
. . . . . . . . . . . . . . . . . . . . . . . . . . . . . . . . . . . . . . . . . . . . .
. . . . . . . . . . . . . . . . . . . . . . . . . . . . . . . . . . . . . . . . . . . . .
. . . . . . . . . . . . . . . . . . . . . . . . . . . . . . . . . . . . . . . . . . . . .
. . . . . . . . . . . . . . . . . . . . . . . . . . . . . . . . . . . . . . . . . . . . .
. . . . . . . . . . . . . . . . . . . . . . . . . . . . . . . . . . . . . . . . . . . . .

Ist dieser Einwand gerechtfertigt?

Antworte so, dass die Antwort eine Lösung enthält. *(„Ich kann nicht verhindern, dass mein Chef mich anbrüllt, aber ich kann ruhig darauf reagieren und es mir weniger zu Herzen nehmen. Ich leiste tolle Arbeit!")*

. . . . . . . . . . . . . . . . . . . . . . . . . . . . . . . . . . . . . . . . . . . . . . . . . . .
. . . . . . . . . . . . . . . . . . . . . . . . . . . . . . . . . . . . . . . . . . . . . . . . . . .
. . . . . . . . . . . . . . . . . . . . . . . . . . . . . . . . . . . . . . . . . . . . . . . . . . .
. . . . . . . . . . . . . . . . . . . . . . . . . . . . . . . . . . . . . . . . . . . . . . . . . . .
. . . . . . . . . . . . . . . . . . . . . . . . . . . . . . . . . . . . . . . . . . . . . . . . . . .
. . . . . . . . . . . . . . . . . . . . . . . . . . . . . . . . . . . . . . . . . . . . . . . . . . .

## Aufgabe

Sprich sooft wie möglich Deinen neuen Affirmationssatz aus. Leg die Zeitung oder das Handy weg und hol Dir Stift und Papier, um Deine neue Realität zu bejahen und Deinen ganzen Focus darauf zu lenken.

Erschaffe bewusst das Gefühl in Dir, dass dieser Satz bereits Realität ist.

Aus diesem Gefühl heraus gehe in Deine täglichen Arbeiten. Zieh Dich an, als ob es bereits so ist. Telefoniere so, als ob Du diese neue Realität bereits leben würdest.

Fahre fort, bis sich ein deutlich erleichterndes Gefühl im Bezug auf Dein ursprüngliches Problem eingestellt hat.

Wie geht es Dir heute?
Wie fühlst Du Dich jetzt?

Formuliere einen Satz, der genau Deinen heutigen Ist-Zustand beschreibt und trage ihn in die Zeile Nr. 4 ein.

Dann geht zur Zeile Nr. 3 und formuliere diesen Satz ein bisschen negativer.
Geh weiter zu 2. Und mach diesen Satz aus 3. noch schlechter. In Zeile 1 kommt der ultimative Worst-Case. Die schlimmste Realität, die Du Dir hier und jetzt vorstellen kannst.

Dann geh  wieder zu 4.
Atme! Fühle bewusst wie Du Dich jetzt fühlst und betrachte Deinen Satz, in Zeile Nr. 4.

Geh weiter zu Zeile Nr. 5 und formuliere Deinen Satz aus 4. ein kleines Stück positiver. Du bist noch in der Energie vom Jetzt, aber ein bisschen optimiert.

In Zeile Nr. 6 schreibst Du eine schönere Realität als Du in 5. formuliert hattest.

Fang an zu spielen, bis Du bei 12. Angekommen bist und eine absolut unverstellbare, wundervolle Realität erschaffen hast.

1. . . . . . . . . . . . . . . . . . . . . . . . . . . . . . . . . . . . . . . . . . . . . .
. . . . . . . . . . . . . . . . . . . . . . . . . . . . . . . . . . . . . . . . . . .
. . . . . . . . . . . . . . . . . . . . . . . . . . . . . . . . . . . . . . . . . . .
2. . . . . . . . . . . . . . . . . . . . . . . . . . . . . . . . . . . . . . . . . . . . . .
. . . . . . . . . . . . . . . . . . . . . . . . . . . . . . . . . . . . . . . . . . .
. . . . . . . . . . . . . . . . . . . . . . . . . . . . . . . . . . . . . . . . . . .
3. . . . . . . . . . . . . . . . . . . . . . . . . . . . . . . . . . . . . . . . . . . . . .
. . . . . . . . . . . . . . . . . . . . . . . . . . . . . . . . . . . . . . . . . . .
. . . . . . . . . . . . . . . . . . . . . . . . . . . . . . . . . . . . . . . . . . .
**4.** . . . . . . . . . . . . . . . . . . . . . . . . . . . . . . . . . . . . . . . . . . .
. . . . . . . . . . . . . . . . . . . . . . . . . . . . . . . . . . . . . . . . . . .
. . . . . . . . . . . . . . . . . . . . . . . . . . . . . . . . . . . . . . . . . . .
. . . . . . . . . . . . . . . . . . . . . . . . . . . . . . . . . . . . . . . .
5. . . . . . . . . . . . . . . . . . . . . . . . . . . . . . . . . . . . . . . . . . . . . .
. . . . . . . . . . . . . . . . . . . . . . . . . . . . . . . . . . . . . . . . . . .
. . . . . . . . . . . . . . . . . . . . . . . . . . . . . . . . . . . . . . . . . . .
. . . . . . . . . . . . . . . . . . . . . . . . . . . . . . . . . . . . . . . . . . .
6. . . . . . . . . . . . . . . . . . . . . . . . . . . . . . . . . . . . . . . . . . . . . .
. . . . . . . . . . . . . . . . . . . . . . . . . . . . . . . . . . . . . . . . . . .
. . . . . . . . . . . . . . . . . . . . . . . . . . . . . . . . . . . . . . . . . . .
. . . . . . . . . . . . . . . . . . . . . . . . . . . . . . . . . . . . . . . . . . .
7. . . . . . . . . . . . . . . . . . . . . . . . . . . . . . . . . . . . . . . . . . . . . .
. . . . . . . . . . . . . . . . . . . . . . . . . . . . . . . . . . . . . . . . . . .
. . . . . . . . . . . . . . . . . . . . . . . . . . . . . . . . . . . . . . . . . . .
. . . . . . . . . . . . . . . . . . . . . . . . . . . . . . . . . . . . . . . . . . .

8. . . . . . . . . . . . . . . . . . . . . . . . . . . . . . . . . . . . . . . . . . . . .
   . . . . . . . . . . . . . . . . . . . . . . . . . . . . . . . . . . . . . . . . . . . .
   . . . . . . . . . . . . . . . . . . . . . . . . . . . . . . . . . . . . . . . . . . . .
   . . . . . . . . . . . . . . . . . . . . . . . . . . . . . . . . . . . . . . . . . . . .

9. . . . . . . . . . . . . . . . . . . . . . . . . . . . . . . . . . . . . . . . . . . . .
   . . . . . . . . . . . . . . . . . . . . . . . . . . . . . . . . . . . . . . . . . . . .
   . . . . . . . . . . . . . . . . . . . . . . . . . . . . . . . . . . . . . . . . . . . .
   . . . . . . . . . . . . . . . . . . . . . . . . . . . . . . . . . . . . . . . . . . . .

10. . . . . . . . . . . . . . . . . . . . . . . . . . . . . . . . . . . . . . . . . . .
    . . . . . . . . . . . . . . . . . . . . . . . . . . . . . . . . . . . . . . . . . . . .
    . . . . . . . . . . . . . . . . . . . . . . . . . . . . . . . . . . . . . . . . . . . .
    . . . . . . . . . . . . . . . . . . . . . . . . . . . . . . . . . . . . . . . . . . . .
    . . . . . . . . . . . . . . . . . . . . . . . . . . . . . . . . . . . . . . . . . . . .

11. . . . . . . . . . . . . . . . . . . . . . . . . . . . . . . . . . . . . . . . . . .
    . . . . . . . . . . . . . . . . . . . . . . . . . . . . . . . . . . . . . . . . . . . .
    . . . . . . . . . . . . . . . . . . . . . . . . . . . . . . . . . . . . . . . . . . . .
    . . . . . . . . . . . . . . . . . . . . . . . . . . . . . . . . . . . . . . . . . . . .
    . . . . . . . . . . . . . . . . . . . . . . . . . . . . . . . . . . . . . . . . . . . .

12. . . . . . . . . . . . . . . . . . . . . . . . . . . . . . . . . . . . . . . . . . .
    . . . . . . . . . . . . . . . . . . . . . . . . . . . . . . . . . . . . . . . . . . . .
    . . . . . . . . . . . . . . . . . . . . . . . . . . . . . . . . . . . . . . . . . . . .
    . . . . . . . . . . . . . . . . . . . . . . . . . . . . . . . . . . . . . . . . . . . .
    . . . . . . . . . . . . . . . . . . . . . . . . . . . . . . . . . . . . . . . . . . . .
    . . . . . . . . . . . . . . . . . . . . . . . . . . . . . . . . . . . . . . . . . . . .

## Schlusswort:

Herzlichen Glückwunsch!

Du hast alle Übungen und Meditationen aus diesem Heft gemacht.

Nun verschließe es und räume es weg. Am Besten in Deine hinterste Schublade. Du hast Deine Aufgaben jetzt erst mal erfüllt. Es geht niemanden etwas an, was Du darin gelöst oder entdeckt hast und Du selbst solltest auch nicht immer in alten Sachen herumwühlen. *(Ich verklebe meine Hefte zusätzlich meistens sogar mit dickem Klebeband.)*

Du kannst jetzt getrost LOSLASSEN und mit Vorfreude nach vorne blicken.

---

## Geh raus! Das Universum liefert nicht aufs Sofa.

---

Geh unter Leute. Führe Small-Talk. Sei offen, sei fröhlich, sei neugierig, sei interessiert. Sei jetzt der, der Du sein willst. Reagiere, fühle, antworte bereits jetzt mit Deinem neuen Ich.

Folge Deiner Intuition, Deinem inneren Flow, Deinem Gefühl und gehe ihm nach. Lass Dich Überraschen.

Irgendwann, wenn Du schon vergessen hast, dass Du dieses Heft überhaupt aktiv bearbeitet hast, wird es Dir in die Hände fallen. Dann kannst Du darin blättern und staunen.

Über mich:

Seit 15 Jahren arbeite ich nun aktiv mit psychospirituellen Übungen. Ich habe mit Hilfe dieser Übungen schwere Depressionen überstanden, verschiedene Opferrollen geheilt und eine erfolgreiche Ballettschule innerhalb kürzester Zeit aufgebaut.

Das könnte man von außen betrachtet natürlich auch als reine Glückssache bezeichnen. War es aber nicht.

Das ständige Hinterfragen meiner Gedanken, das erforschen meiner Überzeugungen und die nächtelangen Arbeiten mit meinen ungewollten Glaubenssätzen haben mich hier hingebracht, wo ich heute bin.

Seit 22 Jahren glücklich verheiratet, erfolgreich und ein freier Mensch auf wirklich allen Ebenen.

Literaturverzeichnis, weiterführende Bücher, Quellen:

Frederic E. Dodson: sämtliche Bücher von ihm.

Steve Andreas u. Charles Faulkner: Praxiskurs NLP

Moritz Boerner: Byron Katies The Work

Bärbel Mohr: Bestellung beim Universum

Cathrin Ponder: Die Dynamischen Gesetze des Reichtums